BEI GRIN MACHT SICH IHR WISSEN BEZAHLT

- Wir veröffentlichen Ihre Hausarbeit, Bachelor- und Masterarbeit

- Ihr eigenes eBook und Buch - weltweit in allen wichtigen Shops

- Verdienen Sie an jedem Verkauf

Jetzt bei www.GRIN.com hochladen und kostenlos publizieren

Bibliografische Information der Deutschen Nationalbibliothek:

Die Deutsche Bibliothek verzeichnet diese Publikation in der Deutschen Nationalbibliografie; detaillierte bibliografische Daten sind im Internet über http://dnb.d-nb.de/ abrufbar.

Dieses Werk sowie alle darin enthaltenen einzelnen Beiträge und Abbildungen sind urheberrechtlich geschützt. Jede Verwertung, die nicht ausdrücklich vom Urheberrechtsschutz zugelassen ist, bedarf der vorherigen Zustimmung des Verlages. Das gilt insbesondere für Vervielfältigungen, Bearbeitungen, Übersetzungen, Mikroverfilmungen, Auswertungen durch Datenbanken und für die Einspeicherung und Verarbeitung in elektronische Systeme. Alle Rechte, auch die des auszugsweisen Nachdrucks, der fotomechanischen Wiedergabe (einschließlich Mikrokopie) sowie der Auswertung durch Datenbanken oder ähnliche Einrichtungen, vorbehalten.

Impressum:

Copyright © 2017 GRIN Verlag
Druck und Bindung: Books on Demand GmbH, Norderstedt Germany
ISBN: 9783668634541

Dieses Buch bei GRIN:

https://www.grin.com/document/388899

Laura Knieling

Über die Genderinszenierung in freizügigen Selfies von Frauen

GRIN Verlag

GRIN - Your knowledge has value

Der GRIN Verlag publiziert seit 1998 wissenschaftliche Arbeiten von Studenten, Hochschullehrern und anderen Akademikern als eBook und gedrucktes Buch. Die Verlagswebsite www.grin.com ist die ideale Plattform zur Veröffentlichung von Hausarbeiten, Abschlussarbeiten, wissenschaftlichen Aufsätzen, Dissertationen und Fachbüchern.

Besuchen Sie uns im Internet:

http://www.grin.com/

http://www.facebook.com/grincom

http://www.twitter.com/grin_com

Katholische Universität Eichstätt-Ingolstadt
Veranstaltung: Genderforschung – Eine Kulturwissenschaftliche Einführung
Wintersemester 2016/17

Laura Knieling
Datum: 01.02.2016

Essay über die Genderinszenierung in freizügigen Selfies von Frauen

1 INHALTSVERZEICHNIS
2 ESSAY ÜBER DIE GENDERINSZENIERUNG IN
  FREIZÜGIGEN SELFIES VON FRAUEN. 3
3 LITERATURVERZEICHNIS 9

2 Essay über die Genderinszenierung in freizügigen Selfies von Frauen.

„..sein heißt geworden sein, heißt zu dem gemacht worden sein, als was man in Erscheinung tritt." (Hegel)[1]
Facebook, Instagram, Twitter, Youtube, das Fernsehen - egal welches Medium man öffnet, man wird mit Bildern überflutet. Viele der beliebtesten Bilder sind Fotos, in denen wir Stars in räkelnden Posen mit möglichst wenig bis gar keiner Bekleidung sehen. Wir Konsumenten haben uns mittlerweile an diese Anblicke gewöhnt und es ist zur Normalität geworden. Uns wird vermittelt, wie ein idealer Körper auszusehen hat und wenn er dies nicht tut, dann folgt sogleich eine öffentliche Reaktion, die sich gewaschen hat. Es ist sogar so normal geworden, dass zahlreiche junge Menschen ohne jeglichen Bekanntheitsgrad die Hüllen vor ihren Handys fallen lassen, ohne sich jeglicher Konsequenzen bewusst zu sein. Das brave Mädchen von nebenan und fitnessfanatische Jungs posen lasziv, wenig bekleidet und voller stolz vor ihren Kameras. Doch es wird schwer, Menschen mit Speckröllchen, mit Narben, mit Akne oder gar Körperbehaarung zu finden. Die einzigen Bilder, die wir zu sehen bekommen, sind die von makellosen, idealisierten, sexualisierten Körpern. Und das Verheerende daran ist, dass diese Menschen unsere Freunde sind oder die Nachbarin oder der Kassierer aus dem Supermarkt oder die Kommilitonin oder der Barkeeper der Kneipe um die Ecke. All diese sind Menschen aus unserem alltäglichen Leben und sie sehen so „perfekt" aus. Damit entsteht das Bild, dass es eben schon normal ist, so einen Körper zu besitzen und dass es erstrebenswert ist, so wie das Model XY auszusehen. Ziel dieser Bilder ist es, nur durch ein Bild sich bestmöglich zu präsentieren und ein bestimmtes Image von sich an andere weiterzugeben. Niemand liest heutzutage noch etwas über andere Menschen, wir schauen uns *Bilder* an und *bilden* uns dadurch ein *Bild* von einer Person. Und die interessanteste Inszenierung beeindruckt uns. Der Körper verrät im medialen Zeitalter mehr über den Charakter einer Person als ein persönliches Gespräch. Durch unsere Profilbilder konstruieren wir in den Köpfen der anderen unseren Charakter, ohne zu wissen, wie die anderen unsere Konstruktion entschlüsseln.

Mittlerweile bündeln sich allein in einem sogenannten Selfie, einem alltäglichen Phänomen in Form eines Fotos, viele Kontroversen, Konstruktionen und gesellschaftliche Vorstellungen. Daher möchte ich mich im Folgenden mit dieser Form der Selbstinszenierung und –präsentation auseinandersetzen, im besonderen Bezug auf den weiblichen Körper, bzw. die gesellschaftlich als weiblich charakterisierten und definierten Körper. Ich möchte dem gesellschaftlich geprägten Bild eines weiblichen, gesunden, perfekten Körpers, sowie

---

[1] Zitiert nach Beavoir, Simone de: Das andere Geschlecht. Sitte und Sexus der Frau. Hamburg 2000, S. 20.

dem performativen bzw. inszenierenden Aspekt in diesen Bildern nachgehen und danach fragen, inwiefern sich der Charakter unserer Gesellschaft in diesen Bildern widerspiegelt. Außerdem möchte ich mich damit auseinandersetzen, ob diese Bilder nun ein Zeugnis der Rückständigkeit unseres Frauenbildes sind und immer noch patriarchalen Vorstellungen entsprechen oder ob es sich doch hierbei um eine neue medienpräsente Form von Emanzipation und Autonomie handelt.

Die sogenannten Selfies sind eigentlich schnell erklärt: eine Person macht mit seiner Kamera ein Bild von sich selbst aus einem oftmals von oben herab positionierten Fokus. Am häufigsten handelt es sich bei dem Ergebnis um den Ausschnitt von Kopf und Oberkörper. Bei den „nahezu" Nacktbildern ist die Person möglichst wenig bekleidet, sodass lediglich das Nötigste (Brüste und Geschlechtsteile) bedeckt ist. Wie gesagt, werde ich mich in diesem Essay mit jenen Körpern beschäftigen, die gesellschaftlich als weiblich identifiziert werden. Es ist eigentlich immer der gleiche Bildinhalt zu sehen: ein junges zurechtgeschminktes Gesicht, eine schicke Frisur und darunter ein nackter Oberkörper, der lediglich mit einem BH oder Bikinitop bedeckt ist. Dazu wählen die Personen eine in ihren Augen möglichst erotische/n und verführerische/n Position/Kameraperspektive/ Gesichtsausdruck. Die Körper scheinen vornehmlich makellos zu sein: jung, straff, einheitlicher Farbton, keine Hautirritationen, schöne Augen, usw. Schon während dieser Beschreibung stellen sich mir direkt einige Fragen: Wer ist der Adressat solcher Bilder? Was bewirken diese Bilder bei jenem, bzw. was sollen sie bewirken? Warum entstehen diese Bilder? Und was sagen sie über unsere Gesellschaft aus?

In meinen Augen adressieren diese Bilder zuallererst das eigene Selbstwertgefühl, denn die Personen präsentieren sich voller Stolz mit ihren „perfekten" Körper und bekommen dadurch positives Feedback. Dann sind sie besonders auf von Männern geprägte, sexualisierte Bildwelten ausgerichtet, um dem anderen Geschlecht zu gefallen. Somit fungiert hierbei „Weiblichkeit als sexuelles Objekt heterosexueller Begierde."[2] Aber zuletzt erreichen diese Bilder auch andere weibliche Personen, die diese Bilder wiederum als allgemeingültiges Vorbild ansehen. Diese Bilder sind Objektivationen unseres pornographisch, patriarchalisch geprägten gesellschaftlichen Idealbildes eines weiblichen „Normal"-Körpers. Paula-Irene Villa spricht zum Beispiel von der „Hyperfeminität" (vgl. S.265), wenn sie schreibt:

---

[2] Villa, Paula-Irene: „Habe den Mut, dich deines Körpers zu bedienen! Thesen zur Körperarbeit in der Gegenwart zwischen Selbstermächtigung und Selbstunterwerfung", in: schön normal. Bielfeld 2008, S. 265

„Die Pointe ist allerdings die, dass der ideale Norm(al)körper niemals wirklich gehabt werden kann...".[3] Diese Bilder haben die Wirkung, eine gesellschaftlich konstruierte, unrealistische Norm eines weiblichen Normalkörpers zu bestätigen und weiterzutragen. Eine Norm, in der dem „perfekten" weiblichen Körper mehr Bedeutung zugeschrieben wird als dem Charakter der Person selbst. Zunächst möchte ich mich dem Begriff der Norm näher zuwenden und dafür einige Worte von Judith Butler zitieren:
„Eine Norm wirkt innerhalb sozialer Praktiken als impliziter Standard der Normalisierung. ... Die Norm regiert die soziale Intelligibilität einer Handlung. ... Damit möchte ich lediglich sagen, dass die Norm einen Status und einen Effekt zu haben scheint, der unabhängig von der Handlung ist, die sie regiert. Die Norm regiert die Intelligibilität, sie ermöglicht, dass bestimmte Praktiken und Handlungen als solche erkannt werden können."[4] In diesem Fall ist nun das Machen des genderspezifischen Bildes die Handlung, doch was ist dann die Norm dahinter? Es handelt sich wohl um eine Komposition verschiedener Subnormen (weibliches Verhalten, mediale Inszenierung, Schönheitsideal, usw.), die hier zusammenspielen. Doch darüber schwebt ein konservatives Frauenbild, dass noch von patriarchalen Strukturen in unserer Gesellschaft geprägt wird. Es ist die Reduzierung der Frauen auf ihre körperlichen Attribute und ihre Handlungen, die damit zusammenhängen. Ein makelloser Körper zeugt von Vitalität, Disziplin und Anpassungsfähigkeit. „Die Arbeit am Körper-Ich, der Wille zur perfekten Normalisierung, das ist der Maßstab für den „richtigen" Körper."[5] Zum einen höre ich dabei auch die Norm der „harten Arbeit" unserer westlichen Gesellschaft heraus, denn die individuellen Errungenschaften bestimmen das Maß des Prestiges einer Person. Und die andere Norm ist simpler Weise, das tief in unseren Köpfen verwurzelte, diskriminierende Frauenbild, dass alle weiblichen Körper standardisiert, sodass am Ende alle wie Heidi Klum herumlaufen. Im Großen und Ganzen geht es „...um die Verkörperung spezifischer, dabei aber immer phantasmatischer Geschlechtsnormen."[6] Somit oktroyiert die Norm ein idealisiertes Körperbild und die Optimierungs-Prämisse hin zu einem „Heidi-Klum-Körper", die dahintersteht, bildet die dazugehörige soziale Intelligibilität. Das verstörende an dieser Norm ist, dass die meisten Betroffenen ohne Reflexion darin teilhaben und in dem Pool der frauenverachtenden Selbstpräsentation und der Reduzierung der weiblichen Attribute auf das Oberflächliche mitschwimmen. Nun zur Rekapitulation: Die Norm, also das patriarchale, diskriminierende Bild von einem Normalkörper, regiert die soziale Intelligibilität, nämlich die

---

[3] ebd., S.265
[4] Butler, Judith: Gender-Regulierungen, in: Helduser, Urte (Hg.): under construction? Konstruktivistischer Perspektiven in feministischer Theorie und Praxis. Frankfurt am Main/ New York 2004, S. 46.
[5] Villa, Paula-Irene: „Habe den Mut,...", S. 265
[6] ebd., S. 263

Optimierungs-Prämisse nach Heidi Klum, der Handlung des Produzierens des (Nackt-) Selfies.

Der Macht der sozialen Konstruktion eines Idealkörpers in einem Selfie möchte ich nun näher auf die Spur kommen. Vor allem interessieren mich Mechanismen, die dahinterstehen. Im Folgenden werde ich vornehmlich Bezug auf die Theorien von Judith Butler[7] nehmen. Grundsätzlich befindet sich die Produktion des Selbstbildes in der dritten kategorialen Dimension von Leiblichkeit nach Sex (anatomisches Geschlecht) und Gender Identity (Geschlechtsidentität), sie wird Gender Performance (Performanz der Geschlechtsidentität) genannt. Die Produktion der Bilder ist ein Teil des Existenzmechanismus von Geschlechtszuweisungen, denn durch permanentes Inszenieren von konstruierten Geschlechtsvorstellungen werden diese wiederum aufrechterhalten. Es handelt sich bei diesen Geschlechtsidentitäten um kollektive Übereinkünfte über kulturelle Fiktionen. Diese Fiktionen leben wiederum von der unreflektierten Reproduktion gesellschaftlich verankerter Bedeutungskonzepte und der Verinnerlichung jedes Einzelnen in sein individuelles Bedeutungsgewebe. Damit wird also eine soziale Konstruktion durch das unreflektierte Verinnerlichen und Aneignen verschiedener Handlungen und Vorstellungen aufrechterhalten. Die Selfies sind ein Werkzeug eines binären Geschlechtsbildes zugunsten eines pornographisch, patriarchalischen Frauenbildes. Solche Bilder werden durchgehend produziert und beinhalten immer die gleichen sexistischen Inszenierungen. Es geht darum, dass sich die jungen Frauen besonders attraktiv und begehrenswert darstellen. Eigenmächtig reduzieren sich zahlreiche weibliche Personen auf ihre körperlichen Attribute und versuchen wiederum diese so zu präsentieren, dass die Bedürfnisse der Beobachter in allen Facetten erfüllt werden. Diese Frauen akzeptieren ohne Hinterfragen, dass sie als sexuelles Konsumprodukt verwendet werden und halten gleichzeitig durch ihr Handeln ein frauenverachtendes Konstrukt aufrecht. Dies ist eine Strategie der Verschleierung des performativen Charakters als Werkzeug der Vervielfältigung von Geschlechtsidentitäten im Rahmen der maskulinen Herrschaft und der Zwangsheterosexualität.[8] Die Frauen machen sich selbst zu „Hyperfrauen", an denen weder ein Makel noch eine Eigenartigkeit zu erkennen ist. Sie spielen in den gesellschaftlichen Vorstellungen mit und tragen durch ihr Reinszenieren zu einer Serienproduktion „der Frau" bei. Der Kreislauf bleibt damit am Leben: Frauen fügen sich unter anderem durch die Herstellung eines erotischen Selfies der sozialen Konstruktion eines weiblichen Normalkörpers und halten die Idealvorstellungen durch die Weiterverbreitung aufrecht.

---

[7]vgl. Butler Judith: Das Unbehagen der Geschlechter. 16. Auflage. Frankfurt am Main 2012, S. 190-219.
[8] Ebd., S. 208

Darüberhinaus darf die Frage nach Autonomie nicht vergessen werden. Dabei stehen sich zwei Positionen gegenüber: zum einen die gesellschaftsverträgliche Sichtweise, dass Frauen diese Bilder in eigener Ermächtigung tätigen und publizieren. Zum anderen eine feministische Perspektive, die einen herben Rückschlag in ihren Errungenschaften dadurch verbuchen muss, denn „... Frauenbewegungen und Frauen- und Geschlechtsforschung [hatten] auf ein Normalitätskonzept gesetzt, welches von der realen und irreduziblen Vielfalt der weiblichen Körper als Maßstab von Normalität ausging,..."[9]. Um was handelt es sich nun hierbei?

Für mich ist diese angeblich vorhandene Autonomie und freie Entscheidung der Frau eine gesellschaftlich konstruierte Utopie. Jede Person wird im eigenen individuellen Bedeutungsgewebe durch äußere Einflüsse gelenkt. Es liegt uns Frauen nicht in den Genen, uns so zu präsentieren. Schon Simone de Beauvoir sagte: „Man kommt nicht als Frau zur Welt, man wird es."(S. 334). Es sind vielmehr die mächtigen, sozial konstruierten Wertevorstellungen, die uns wie Objekte fremdsteuern und uns in dieser gesellschaftlichen Performanz überleben lassen. Der Autonomie-Gedanke, der die Illusion einer Entscheidungsfreiheit entstehen lässt, ist nur ein weiterer sexistischer Mechanismus in unserer patriarchal geprägten Gesellschaft. Mittlerweile sind diese Vorstellungen so tief in jedem Menschen verankert, dass sie zu Selbstläufern geworden sind, welche wiederum durch Performanzen, wie ein erotisiertes Selfie, aufrechterhalten werden. Um trotzdem den anderen Ansichten gerecht zu werden, ist es sicherlich legitim, wenn weibliche Personen Bilder von sich bewusst machen, mit dem Wissen um die medialen und gesellschaftlichen Diskurse dahinter. Denn eine Auseinandersetzung mit seinem Selbstbild und den gesellschaftlichen Konsequenzen zeugt von weiblicher Autonomie und Adoleszenz. Dennoch bleibt nach wie vor die Schwierigkeit der Differenzierung der Rezipientengruppe bestehen und gefährlich. So besteht zum Beispiel ein ungeschützter Konsum durch Minderjährige. Besonders diese Gesellschaftsgruppe nimmt noch unreflektiert alle Informationen auf und passt sich dem gesellschaftlichen Mehrheitsbild, das nun mal mittlerweile ungefiltert durch die Medien transportiert wird, an. Je mehr Menschen die Vorstellungen/Normen/Konstruktionen verinnerlichen und- je jünger sie sind, desto hartnäckiger- machen sich diese in einer Gesellschaft breit. Daher plädiere ich tatsächlich für einen Rückschritt der Errungenschaften der Frauenbewegungen, verstärkt durch die massive Gewalt der sexualisierten Medien. Wie es scheint, liegen die Medien in einer maskulinen und pornographisierten Hand, dessen Ziel es ist, in kürzester Zeit möglichst viele Menschen, vor allem die jüngsten Generationen zu erreichen. Nun was kann frau dagegen ausrichten? Eine Revolution? Vermutlich das Utopischste, was passieren wird. Da

---

[9] Villa, Paula-Irene: „Habe den Mut,...", S. 264

zu viele Frauen sich in diesem Bild der begehrenswerten Liebhaberin gefallen und so stark in die gesellschaftliche Fiktion eingetaucht sind, dass ein Fall dieser Konstruktion ihren Lebenssinn stark gefährden würde. Dennoch „[d]ie Geschlechtsidentitäten können weder wahr noch falsch, weder wirklich noch scheinbar, weder ursprünglich noch abgeleitet sein. Als glaubwürdige Träger solcher Attribute können sie jedoch gründlich und radikal unglaubwürdig gemacht werden."[10] Auch wenn es aussichtslos scheint, braucht unsere Gesellschaft sowohl wissenschaftliche als auch medial vertretene Gegenentwürfe.

In diesem Sinne möchte ich nochmals zurückblicken auf die einzelnen Gedanken, die ich hier aufgeführt habe. Meiner Meinung nach herrscht in unserer binär geprägten Gesellschaft noch immer ein patriarchales, diskriminierendes Frauenbild, das von allen Geschlechtern verinnerlicht wurde. Dieses Frauenbild kann als soziale Intelligibilität nur durch verschiedene Nomen, die wiederum durch Mechanismen geformt werden, weiterleben. Eines dieser Mechanismen ist das Selfie, das in manchen Fällen mit viel Haut und einer idealen Präsentation der gezeigten Person arbeitet. Hinter dem Prinzip von Normalität und Schönheit prostituieren sich (junge) Frauen für eine gesellschaftliche Konstruktion. Durch das permanente Mitspielen und Reinszenieren der gesellschaftlichen Vorstellungen, wird der performative Charakter und somit die gesellschaftliche Idealisierung aufrechterhalten und existiert weiter. Unter dem Schleier der Autonomie opfern zahlreiche Frauen ohne Bewusstsein für die eigene Unterwürfigkeit ihren Körper für die Befriedigung der gesellschaftlichen Bedürfnisse und tragen selbst maßgeblich zu einer Stagnierung des sozialen Wandels bei. Übertroffen wird diese Ignoranz lediglich von dem selbstbezogenen Blick, der nicht die Auswirkungen dieses Handels beachtet, wie der Konsum durch Minderjährige und deren Formung von Geschlechtsverständnis.

Um nun auf das vorangestellte Zitat zurückzukommen, selbst um 1800 hat Hegel schon mehr über unsere Gesellschaft gewusst, als vermutlich einige heutige Zeitgenoss*en*innen. Es gibt keine evolutionäre Grundlage für dieses gesellschaftliche Agieren. Unser ganzer kultureller Besitz ist von uns geschaffen und daher können wir ihn auch widerrufen und verändern. Wir sind Kinder unseres eigenen Bedeutungskomplexes, da wir dieses von Geburt an aufbauen, aber wir können es auch jederzeit wieder ablegen. Doch eine geschlechtsspezifische Veränderung ist eine gesamtgesellschaftliche Entscheidung, die vor allem denjenigen Angst bereitet, denen diese Konzepte Halt geben, weil sie vielleicht (denken), keine anderen Charaktereigenschaften (zu) besitzen.

---

[10] ebd., S. 208

3 Literaturverzeichnis

- Beavoir, Simone de: Das andere Geschlecht. Sitte und Sexus der Frau. Hamburg 2000, S. 9-26 und S. 334-350
- Butler Judith: Das Unbehagen der Geschlechter. 16. Auflage. Frankfurt am Main 2012.
- Butler, Judith: Gender-Regulierungen, in: Helduser, Urte (Hg.): under construction? Konstruktivistischer Perspektiven in feministischer Theorie und Praxis. Frankfurt am Main/ New York 2004, S. 44-57.
- Villa, Paula-Irene: „Habe den Mut, dich deines Körpers zu bedienen! Thesen zur Körperarbeit in der Gegenwart zwischen Selbstermächtigung und Selbstunterwerfung", in: schön normal. Bielfeld 2008, S. 245-272.

BEI GRIN MACHT SICH IHR WISSEN BEZAHLT

- Wir veröffentlichen Ihre Hausarbeit, Bachelor- und Masterarbeit

- Ihr eigenes eBook und Buch - weltweit in allen wichtigen Shops

- Verdienen Sie an jedem Verkauf

Jetzt bei www.GRIN.com hochladen und kostenlos publizieren